커피 두고 갈게

윤조병 시집

커피 두고 갈게

도서출판 월인

그대를 봅니다

아침이든가 저녁이던가,/ 산책길 나목裸木에 숨어든/ 그대를 보았습니다.

치자산梔子山 가는 길목서 만난 카페 주인은 물 컵 꽃 쟁반에 아프리카 타악기 숨소리를 담아왔습니다. 처음 에스프레소를 주문했습니다. 새까만 원년元年의 맛이 혀끝에 머물러 아프리카에 대한 그리움을 절규했습니다. 왜, 그랬을까요. 카페 치자산이 있거나 없거나, 아프리카 타악기 숨소리가 들려옵니다.

시인 자격증 없이 수십 년간 시를 썼습니다. 메모 수준이지만 수백 편인지 수천 편인지 모를 만큼 써서 쌓아오면서 필요할 때마다 헐어 썼습니다. 수필을 엮고, 소설을 엮고, 시나리오를 엮었습니다. 제일 많이 엮은 것이 희곡입니다. 지나고 보니 참으로 오랜 세월을 무상으로 썼습니다.

악보 10+1편을 묶었습니다. 전국에서 유일한 '극장에서 쓰는 희곡교실'의 한 젊은 엄마, 여러 가지 예술재능을 갖춘 제자 이혜성 씨가 시를 보고 작곡을 하고, 노래도 불렀습니다. 시를 빛내줘서 함께 실었습니다.

출판 때마다 정성을 주신 박성복 사장님과 직원 여러분께 감사드립니다.

아침이든가 저녁이던가,/ 산책길 나목裸木에 숨어든/ 그대를 봅니다.

차례

3. 너

4. 자유

6. 아니에게

7. 시대와 역사

1. 비밀

나무

하늘을 오르다가
문득 허공에 머물러
우주를 바라보는
당신의 비밀

뿌리를 뽑을 수 없어
춤을 추는 쉬지 않고
손춤 팔춤을 추는
무한의 상념

속살에서
수십억 년 흐르는
쓴맛 단맛으로 지금까지
춤을 추는 당신

윙크

햇살로,

바람으로,

아지랑이로,

그리움으로,

사랑으로,

민망으로,

찡끗했다

나들이 · 1

소풍 가는 차림으로
첫 만남 설렘으로
혼자 그렇게 걷다보면,
누군가 손이 잡혀질까

길섶에 연두색이 번지고
언덕 과수원 나뭇가지에
물오르는 소리가 들리고

냇물에 또르르 담방담방
일곱 번 물수제비뜨고
손을 씻고 발을 담그고

소풍 가는 차림으로
첫 만남 설렘으로
혼자서 그렇게 걷다보면
누군가 손이 잡혀질까.

No. Waltz

나들이 · 1

윤제병 시
이혜섭 곡

나들이 · 2

새 한 마리가 나무에 앉는다
나뭇가지가 휘는 듯 팽팽하다
우리는 눈을 마주쳤다

회고하건대,
나무 아래 저수지 둑길은 오솔길이었다.
길섶에 연두색이 번지면서 나무가 물을 퍼 올릴 때
소년은 세상 모든 것에서 위대함만 품었다

언덕 과수에 꽃이 피고 열매가 매달리자
청년은 위대한 꿈을 향해 하늘을 날았다
저수지가 아니고 시냇물이었다
물에 손을 씻다가 건너에서 조약돌을 줍는 여인을 보았다
또르르 담방담방… 한낮부터 노을까지 조약돌을 던졌다
물수제비는 물에 하트를 그렸다
한 개, 두 개, 세 개, 다섯 개, 일곱 개, 열 개…
수백 개 하트가 냇물에 연서를 썼다

별똥별로 쏟아져 꽃잎으로 흘렀다

청년은 새벽이 오기 전
여인의 손을 잡아끌고 달렸다.
우주만한 사랑을 품은 연어처럼
세상의 물살을 거슬러 오르고 올랐다

중장년의 인생은 달콤한 벗이고,
아름답게 수놓는 구름하늘이다
노년에 이르러 사랑은 저수지처럼 넘쳤는데,
지금 적막한 구름으로, 막막한 공허로, 깊이 잠겨 있다
붕어인지 잉어인지 한 마리가 주둥이를 내밀어 귀띔한다
"뻐끔 뻐끔…"

조천鳥川

연어로 금강 상류 조천鳥川을 오른다
겨울강은 민초의 후손으로 이어지고,
잡초가 웅얼거리면 청둥오리가 입질한다

초등학교 분교 운동장,
아이들 대신 재잘거리는 개망초와 미루나무,
칠 벗겨진 우체통 편지 서너 통,
그 위에 머무는 무한한 찰나,
수초와 모래가 숲섬을 만들어
기약 없이 바다로 떠나는가,

발자국 하나 찍히지 않은 모래밭에,
내일 내가 물방개로 맴돌까

조천 (鳥川)

유재영 시
이혜성 곡

Andantino
Comodo (평화롭게)

2017 . 7月

귀가歸家

현관문을 열었다
오래된 그리움이 홀로 외로웠는지
구석구석에서 쏟아져 나온다

구두를 벗지 못하고 멍하게 서서
두 그리움을 가슴에 안는다
한 그리움은 과거의 힘이고,
한 그리움은 미래의 힘일까

내 손에 Ediya Espresso 커피가 들려 있다.
마산역에서 그니가 사준 아메리카노,
아니 웃음만큼 가득 차고 뜨거웠다

지금은 초승달만큼 그니 미소로 남아 있다
36.5도 체온으로 남아 있다

고백 · 1

그대를 위해 노래를 부르려는데,
나는 음치입니다

그대의 미소를 그리려는데,
나는 색치입니다

그대에게 달려가는 춤을 추려는데,
나는 몸치입니다

그대의 환생을 위해 기도하려는데,
나는 믿음이 없습니다

그대를 위해 촛불을 켜려는데,
나는 자신을 사르는 눈물이 없습니다

그대에게 용서의 엽서를 보내려는데,
훈민정음을 새까맣게 잊었습니다

나는 그대를 위해

아무것도 할 수가 없습니다

고백 · 2

그날 눈을 깜박거린 것은
티 때문이 아니고 윙크입니다

그대가 장난으로 처리한
스마트 폰 메시지는 아흔아홉 자 연서입니다

창문 앞 나무 백일홍 아래 잔디에 떨어져
밤이슬로 휴지가 된 빨간 종이비행기는
만년필로 쓴 파란 잉크 연서입니다

그대가 간밤에 스팸메일로 처리한 파일은
열 시간 동안 수없이 고치고 고쳐 쓴 열두 쪽 연서입니다

날이 새면, 그대 창문 닫혔어도
백장미 흑장미 적장미 삼백 송이 사들고
아, 그대에게 가겠습니다

2. 우창씨는

이렇다

1.

비가 오면 우울하다

해가 밝아도 우울하다

구름이 흘러도 우울하다

노을이 붉어도 우울하다

그날을 기억하지 못해

늘 우울하다

2.

빨리 떠나고 싶어 한다

노래 한 소절이 끝나기 전에,

아무도 상관하지 않는데,

나는 어디 서 있지?

엔진이 걸린 자동차처럼

평온을 버리고 떠나려고 한다

3.

거기 도착하기 전에

또 떠나려고 한다

게으르다

입맛을 잃어
누룽지를 끓였다
반찬으로 무엇을 먹을까

냉장고를 열었다
날계란 세 개가 떨고 있다
걱정마라

나도 꼼짝하기 싫다
그냥 삼키거나 씹을 걸 찾는다
너는 삶거나 프라이를 해야 하잖니

외로웠다

첫차를 타려고,
개구리가 얼음 깨지는 소리에 잠을 깨듯이
개구쟁이 철쭉이 별빛에 기지개를 켜듯이
먼동에 낯선 들판 역사驛舍에 도착했다

아니는 먼동처럼 몸을 쉬고 있다
들바람에 시간이 숨 쉬고 있다
그걸 잡으려는데,
수십 년 벗어놓은 흔적들이다

인생은 선택이고 용기라지만
노년의 노래는
아니를 허기지게 할 것이다
개구쟁이 뱀이고 싶은데
안개 속 허공은 돌이 되라 한다
주검이 올 때까지 돌이 되라 한다

여인의 시선을 좋아한다

객차에서 노트북에 글을 쓰고 있었다
킬킬을 ㅋㅋ로, 키득키득을 ㅋㄷㅋㄷ으로
고쳐 쓰고 허리를 펴는데,
앞자리 여인의 시선과 마주쳤다

여인이 시선을 급히 거두어들인다
그는 다시 자판을 두드린다

'여인은 중년이다. 중년의 폭은 넓다. 그만큼 연륜을 쌓았다. 여성으로서 어떤 역할이든 할 수 있다는 모습이다. 살[肉]은 물론 머리카락까지 윤기가 넘친다. 윤기! 그는 여인의 윤기를 좋아한다. 별나게 좋아한다. 여름의 땀처럼 겉으로 요란스러워도 좋고, 봄가을 바람처럼 수줍어해도 좋다. 여인의 윤기를 보석으로 여긴다. 여인을 향해서는 부끄러워야 하는 성격을 감추지 않고 드러낸다. 아니 자랑한다. 그는 별스런 사내다.'

여기까지 쓰고, 허리를 펴고, 고개를 들어 앞자리를 본다
여인은 없고, 빨간 매니큐어 손톱 조각 하나가 웃고 있다

발톱에서 바다를 보았다

여인의 샌들 속 엄지발톱에서
제주도 바다를 보았다
아직 남성 호르몬이 억세게 솟는가,
작은 사물을 크게 보는 시선인가

3. 너

동그라미 · 1

동그라미 그리려다 무심코 그린 얼굴
내 마음 따라 피어나던 하얀 그때 꿈을

자투리공원 육각정에서,
얼굴은 동그랗다
보름달을 바라보는 사랑이다
아직 다 긋지 못한 호弧는
빛나는 가슴으로 긋는다
서너 여인이 흔들리는 나뭇잎처럼,

풀잎에 연 이슬처럼 빛나던 눈동자
동그랗게 동그랗게 맴돌다 가는 얼굴

동그라미 · 2

전국노래자랑에서 '얼굴'을 듣다가 깜빡 졸았다.

굴렁쇠 굴리며 달리는데 짝꿍을 만났다.
5학년 짝꿍이다가 3학년 짝꿍이다가
6학년 짝꿍이다가 1학년 짝꿍이다가
뒤죽박죽이다

4학년 짝꿍이다가 2학년 짝꿍으로 바뀌는 순간이다
힘을 다해 말을 하려는데
굴렁쇠가 서지 않고, 나를 끌고 달린다
아, 이 노릇 어째

사생결단으로 소리쳤다
입이 열리지 않는다
아 공포 속 바둥바둥대는데 땀이 쏟아져,
짝꿍의 눈 코 귀 입이 녹아 없어진다
아니다, 아니다, 참으로 요상한 음모다

짝꿍 얼굴이 점 되어 동그라미를 긋는데

동그라미가 안개속 사랑이란다
마을길, 산길, 개펄, 백사장, 진흙길, 똥밭에
폭 빠져든다
무릎이 빠져들다가 배꼽이 빠져들다가 턱까지 빠져들다가
후우, 똥밭이 바다가 된다

굴렁쇠는 머슴애를 끌고 쉬지 않고 달린다
저 멀리 수평선에서 반짝이는 수천수만 점이
둥글게 하얗게 수천수만 동그라미로 나를 끌고 굴러 간다
윈드서핑 하듯 너울 속에 빠져들다가 눈을 떴다

티브이에서 노래 '얼굴'은 아직 전반을 흐르는데
온몸이 땀으로 흥건하다,
정말 윈드서핑을 했나

너 · 1

저거다, 그거다, 그림이 아니고, 영상이 아니고, 꿈이 아니고 현실이다. 활활 불꽃이다. 파도 너울이다. 수천의 오렌지 수만의 사과 수억의 핏물이 하늘에서 쏟아져 내리고, 땅에서 솟아 오르고, 바다에서 튀어 오른다. 술 취한 천사들의 삼색 종횡행렬이고, 칼 든 악마들의 무자비한 오색 기습이다. 천사와 악마와 뱀과 여인과 사내가 풍기문란하게 섞이고, 질서정연하게 달리고, 그야말로 제멋대로 엉겨 하늘을 오르다가 힘이 겹고 넘쳐 땅으로 곤두박질치고 바닷물에 빨려 녹아버린다, 너!

너 · 2

새벽에 바람으로 와서
차갑게 와서

한낮에 햇살로 와서
뜨겁게 와서

한밤에 은하수로 와서
화려하게 와서
내 마음을 할퀸, 너!

너 · 3

풀밭에 서서
꿈을 꾼다

팔 벌려
호수 위를 난다

훨훨
하늘로 날아간다

ㅋㄷㅋㄷ · 1

그 썩을 년, 마을 여편네들한테 몰매 당해.
흥, 잘못이야 군침 질질대며 꽁무니 쫓는 지년들 서방이지.
문드러질 그년을 벼르고 있어, 죄들, 두고 봐.
도지 읎다구 함부로 지껄이는 게 아녀.
게는 게 편이라더니 과부라고 두둔해?
니년도 운수가 사나우면 마른번개에 서방을 잃을지 몰러.
뭣이여, 악담을 혀?
악담 듣기 싫으면 남 흉질하지 마.
흉질이라니, 흉질이라니.

ㅋㄷㅋㄷ · 2

바람을 펴도 보통으로 피는 겨? 뭐여? 봄철 공동뫼지 잔등을 시작으루 보리밭, 밀밭, 콩밭을 드나들믄서여! 주둥이 하고는 참말… 그걸 다 베내니께 솔밭 갈대밭이고! 소문이 죄다 참말은 아녀. 이 사내 저 사내허구 말이여. 붙박이 사내가 있음 왜 과부여? 내가 아는 홀아비하고 총각만도 열 손가락 넘어. 할일 드럽게 읎나베. 으뜸말 녹순이 삼춘, 덕진이 성, 건너말 홀아비 황씨, 청나리 산지기 박씨, 우롱마을 윤씨… 보리밭 쫓아가서 이랑 속까지 뒤집어 봤남? 척하믄 척이구 눈 찔끔하믄 천리여. 콩밭엔 수수들깨참깨 부룩이 총총한데 헤집고 들어가서 봤다? 눈치코치로 때려잡은 것여.

ㅋㄷㅋㄷ·3

고짓을 하구는 음지개울이나 우강여울목서 아래를 홀딱 까발리고 거길 씻어댔다. 옹달샘선 바가지루 물을 퍼서 그냥 대고 씻구. 속곳 읎이 다닌다는만. 들춰보면 처마바람이 틀림없어, 지금. 언덕길 측백나무서 도둑괭이가 울면 과부가 애기 낳는 날이여. 서방이 월남전서 목 다쳐 입만 산 게 아홉 해여. 생과부도 과부여. 인물을 보나 맵시를 보나 마을서 머드러긴데, 팔자가 드세서 그려. 시상 서방들이 대처로, 중동으로, 사모어로 돈 벌러 가서 마을은 생과부가 수두룩해. 집집마다 수괭이가 여러 십 마리 울었어. 다듬어주지 않구 지싯대서 내 부화를 끓게 혀?

나[我]

이 세상 한 개 점이다

그 점에
수십만 개 흠이 있다

한가할 때
세 볼 일이다

다시

어느 날 창 밖 그대 사는 곳을 향해 속삭였다
그대가 세상에 있어 꿈을 꾼다, 꿈을 꾼다.
안개가 자욱해도, 비바람이 유리창을 덮어도
꿈을 꾼다, 다시 출발점에 서서 나의 인생은.

어느 날 창 밖 하늘 노을 아름다워 속삭였다
사랑이 아픈데 이렇게 아프고 아픈데 사랑
왜 하니 물으면 그냥, 그냥, 아 그냥은 아니지
그대 있어, 종점으로 가다가 온 길 돌아보려.

No.

다시

윤고병 시

이혜성 곡

2016. 4月

빚

내가 웃는 것은
이승 새 저승 새 날갯짓
흩어지는 바람

내가 우는 것은
이승 빚 저승 빚
죄 갚아야 할 무게

매미 · 1

시집보내달라고 악을 써댄다

초여름부터 염치불구 속삭였는데,
왜 외면하느냐,
극성맞게 졸라댄다

내게도 적령기가 있다
오늘이 양력 팔월 하순,
혼기를 놓쳤으니 이 심신의 열기를 어쩌라는 것이냐,

아침부터
시집보내달라고 막바지 악을 써댄다.

매미 · 2

세상에 나와 여름 내내 그대를 사랑했어
그대 외면에 수컷 체면 버리고 눈물을 섞었는데
암컷의 아픔이라니!

내가 목숨을 바쳐 사랑하는데
짧은 이 세상 혼기가 무슨 상관이랴
우리 저 세상에서 세월 걱정 없이 노래해

태양

갈 수 없다
만질 수 없다
도달하지 못하는 미래다

군짓은,
태양을 독식하려는 음모가 있다

휘파람새

너와 나는 한 마리 휘파람새
최초로 하늘 나르는 휘파람새
어린 시절 고향에서 본 하얀
꽃구름 찬란한 태양 저 멀리
나르는 휘파람새 휘파람새

너와 나는 한 마리 휘파람새
최초로 하늘 나르는 휘파람새
내일은 푸른 하늘 날개 펴고
오르리 산 넘고 강을 건너서
만나는 휘파람새 휘파람새

No. allangando · andantino

흰파랑새

윤강병 시

이혜성 곡

두껍아 두껍아

새집
지어줄게 헌집 다오

사람들은
왜 새집을 지어줄까

헌집에
금은보화가 있어서일까

달팽이

달팽이가
어스름 저녁에 길을 떠나
새벽이슬이
숨 쉬는 들길에 자국을 낸다

시끄럽고 무서워서 못살겠소
골프장 허가주무부서 가는 길을
알려주시오

군짓은
멱살을 잡겠소

반딧불이

예쁜 이름을 놔두고
나를 개똥벌레라고 부른다

청정지역 다슬기를 먹고,
노을을 실어다가 나무와 풀과 꽃으로
작은 우주를 만드는데.

개똥까지 먹어대는
네 마음 속 벌레 때문인가

4. 자유

자유 · 1

광야廣野에 섰다

무지개 끝을 본다

걸친 것을 한 올 한 올 벗어 자유와 바꾼다.

팔을 벌려 가슴을 편다

훨훨 날아간다

어디까지일까

자유 · 2

옷깃소리,
물소리,
너울 소리,
벼랑을 스쳐가는 바람소리,
굽이를 돌아가는 웃음소리
듣다가 뛰어드는,

자유 · 3

여인이 옷을 벗어던지고 걷고, 뛰고, 쉬고, 주춤거리고, 머뭇거리고, 달리고, 춤춘다. 봄철 뒷산이 음지 피멍 동백꽃일 때까지, 초여름 앞산 양지가 하얀 싸리꽃일 때까지, 늦가을 길고 긴 길섶이 코스모스일 때까지, 겨울 허공에 눈물이 쏟아지다가 미소하는 눈발일 때까지 가고 또 간다 연인의 가슴은 하얀 물새 꿈이고, 비비새 꿈이고, 까마귀 꿈이고, 독수리 꿈으로 어딘가 세상에서 온 꿈을 꾸면서, 세상 어딘지 모르는 곳으로 가고 또 간다.

자유 · 4

헉헉 숨찬, 푸푸 새는, 생뚱맞게 낡은 바람소리는 칠순 할미가 부는 휘파람이다 오늘 녹슨 가위로 손톱발톱을 깎고, 손녀 매니큐어를 꺼내 핏빛으로 바르고, 이 빠진 참빗으로 눈발 내린 머리를 빗고, 쪽문 양지바른 자리 나무걸상에 앉아서 소녀 적 기억 속 오선지로 풍금을 켠다. 어린 노래, 세월의 노래가 피멍에 휘감기면서 전쟁에서 살아남는 앞마당 목련을 피게 한다 연정으로 피멍들었나, 노심초사로 피멍들었나, 추억으로 피멍들었나, 이별로 피멍들었나, 그렇게 시대와 역사로 피를 토하는 자목련이다 할미는 숨 가쁘게 자목련 휘파람을 분다

자유 · 5

억 조 모래알이 숨죽여 바다에 꼽추를 만든다
하루 두 번 썰물에 숨을 몰아쉬며 결사를 다진다
수십억 년 쌓여 개펄에 메꽃을 피게 하고,
갈매기는 바다의 비밀을 쪼아 해무를 만들고,
부끄러워 우리들의 자유를 포말로 감춘다

풀등 꼽추는 바다 한가운데에 숨었다가
썰물에 잠수함 등처럼 드러낸다
모래밭이고, 모래 등이고, 광활한 모래동산이다

뗏목을 타고 와서 풀등에 오를 때
풀등에는 발자국 하나 없었다
맨발로 모래를 밟으면서 세상을 사랑하지 못해 울었다
타국 사막에서 홀로 일몰을 만난 듯이 꺽꺽 울었다

바다가 하늘이고 하늘이 바단데,
사람의 시간은 보이지 않고,
바다의 시간, 섬의 시간만 흐른다

유서

가슴앓이로 육신을 태워
저승으로 가다가
잠시 멈춰
이승으로 보내는 시선이다

5. 벽화

벽화 · 1

두 젊은이는 언제 어디서 왔는지 모른다. 뭔가를 뚫고, 뛰어넘고, 건넌 것은 사실인데 그들이 온 곳이 이쪽인지 저쪽인지 그쪽인지 모른다. 낯선 땅이 듯 산하山河가 어질어질, 아카시아꽃이 어질어질, 밤꽃이 어질어질, 칡꽃이 어질어질, 산짐승들의 벌름대는 코, 누런 송곳니, 억센 수염과 갈기가 어질어질하다. 나무와 산짐승은 세월을 밝히는가, 잠을 설친 세상의 눈빛처럼 그들을 떨게 한다. 왜 세상을 버리고 예 왔나 후회하고, 젊은 날의 이것이 희망인가 몽상인가, 자국으로 남을까, 무늬로 새겨질까, 기둥으로 설까 어질어질하다.

벽화 · 2

잡목 우거진 숲으로 햇빛이 한 줄기씩 떨어진다. 벌레가 소리 없이 웃고, 소리 내서 웃는다. 낡고 녹슨 기관차 바퀴, 수레바퀴, 자전거 바퀴, 철모, 소총, 기관총, 대포의 잔해가 대지의 수십 년 세월을 끼고 누워서 빛을 향해 미소를 보낸다. 웃음을 듣는다. 자전거 바퀴가 돌고, 짐수레 바퀴가 돌고, 기관차 바퀴가 돈다. 아무도 보이지 않는데 빛과 웃음이 사람의 발이듯 짐승의 앞발이듯 바퀴를 돌린다. 해가 구름에 가려 숲이 어두워지고, 구름이 열려 숲이 밝아지고, 수십 년을 새김질한다. 녹색 안개가 번진다. 아름다운 안개, 안개의 속삭임, 한숨, 희망, 절망이 번지고 있다. 저기 흐르는 강에서 노를 저어 물을 건너는 모습이 어렴풋하다. 강물이 출렁이면서 무늬를 그린다. 시간으로 그리는 세월의 나이테를 그리고 또 그린다. 배가 억새에 가려졌다가 나타나고, 갈대에 숨었다가 여울을 돌아간다. 도도하게, 여리게 시야에서 사라지고 나타난다.

벽화 · 3

라디오는 마음을 갉는다.

"지금 통일 축제가 대대적으로 벌어지고 있습니다. 서울에서 평양에 이르는 통일경축 걷기 대회가 벌어지는가 하면, 부산에서 신의주에 이르는 카레이스가 벌어져서 국토와 민족은 온통 축제의 기쁨으로 들끓고 있습니다. 비행곡예와 헬리콥터 퍼레이드도 장관을 이루며 진행되고 있습니다."

보름과 새벽 두 젊은이가 돌과 나무로 대지를 두드려 묵직하게 장단을 치면서 봉황제로 흥얼거린다.

"어이어이 어둠이 가는가, 어둠이 가는가, 어이어이 어둠이 가는가, 어둠이 가는가. 어리어리 태아가 어미 자궁에서 꼬물꼬물, 어리어리 태아가 어미 자궁에서 꼬물꼬물. 오줌싸개 되고, 기집애총 머슴애총 되고. 어이어이 어둠이 가는가, 어둠이 가는가, 어이어이 어둠이 가는가, 어둠이 가는가."

벽화 · 4

숲속, 칡꽃이 흐드러지게 피어 있는 동굴 앞에 새벽이 무릎 오므려 깍지 끼고 앉아 있다. 대지는 고요하고, 골짜기에서는 바람과 물이 소리 내어 웃는다. 아, 냄새. 더덕 냄새, 칡 냄새, 참나무 냄새, 전나무 냄새, 소나무 냄새, 오동나무 냄새, 오리나무 냄새… 골짜기 안개발이 억수로 냄새를 몰고 온다. 새벽이 하얀 무릎을 펴고 일어선다. 매몰찬 바람 속 절벽 억새밭에 자유가 눈부시다. 바퀴는 여전히 돌아간다. 그녀가 나뭇가지로 자전거 바퀴 굴렁쇠를 굴린다. 보름이가 수제타악기로 장단을 치고, 새벽이 장단에 맞추어 이런저런 묘기로 굴렁쇠를 굴린다. 썩 잘 굴린다. 흥얼거리며 자락 춤을 추며 굴리고 또 굴린다. 돌고 또 돈다. 숨차게 굴리고 숨차게 돈다.

벽화 · 5

붉은 수레가 오고 푸른 수레가 온다. 푸른 수레가 오고 붉은 수레가 온다. 붉은 수레가 어리석게 먼저 오고, 푸른 수레가 어리석게 따라 온다. 푸른 수레가 먼저 오고, 붉은 수레가 어리석게 따라 온다. 어리석게 먼저 오고, 어리석게 따라 오고, 어리석게도 먼저 오고 더 먼저 오고… 세상의 저 잘난 말장난에도 나무와 바람의 춤은 유희이듯 느리게 이어진다. 어둠 속에서 별이듯 램프 불빛이 다가오고 춤이듯 흔들리고, 나무처럼 선다. 새벽의 램프가 가까이 다가오고, 보름이 한 걸음 숨고 두 걸음 숨는다. 보름과 새벽이 숨바꼭질을 한다. 나선형으로 숨바꼭질을 한다.

벽화 · 6

사람들은 새벽에도 강을 건넌다. 점점 많아진다. 어디서 오는 걸까, 묻지 않기로 한다, 해가 솟는다. 아침 해가 저렇게 예쁘다니! 사람들이 침묵을 깨고, 드문드문 말을 한다. 하느님이 고마우시고, 해님이 고마우시고, 아름드리 숲이 고마우시고, 고향 땅이 이대로 남아 있어 고맙다. 세월 속에 동그마니 집을 짓고 사는 게 과거였는가. 입놀림 그만하고 춤을 추어라. 추어라 신을 벗고 양말을 벗고 맨발로 춤을 추어라. 사람들이 춤을 춘다. 활엽수 낙엽이 간지럽다. 침엽수 낙엽이 간지럽다. 반세기 넘게 쌓인 낙엽이 간질간질 바스락 바스락 카펫보다 포근하다. 대지의 품이고 조국의 숨결이다.

벽화 · 7

헬리콥터가 다가온다. 빠르게 다가온다. 더 빠르게 다가온다. 라디오에서 중계방송이 들려온다.
"통일의 기쁨을 온 국민이 함께 나누고 있습니다. 한라에서 백두까지, 백두에서 한라까지 천리 대장정 걷기 대회가 오늘로 꼭 열흘째입니다. 남단 제주도민이 통일 깃발을 앞세우고 카페리호로 부산에 도착, 부산시민과 합류하여 낙동강 지점에 이르고 있습니다. 북단 백두에서 통일깃발을 앞세운 함경 · 평안도민은 신의주를 거쳐 대동강 지점에 이르고 있습니다. 한라대열과 백두대열, 백두대열과 한라대열은 시간이 흐르면서 수십 수백 수천만으로 인산인해를 이룹니다."
새벽과 보름이 동굴에서 나와 헬리콥터를 향해 눈부시게 손을 흔듭니다.

벽화 · 8

헬리콥터가 두 사람의 머리 위를 돌면서 중계방송을 계속합니다.

"이 대열은 앞으로 달포를 지나 백두 통일깃발을 한라에, 한라 통일깃발을 백두에 꽂을 예정입니다. 통일의 기쁨이 커서 축제도 거대합니다. 부산에서 청진, 청진에서 부산까지 사이클 레이스가 벌어지고, 목포에서 신의주, 신의주에서 목포까지 카레이스가 시작될 예정입니다. 두만강에서 마라도까지 선박레이스가 벌어집니다. 목선에서 함정까지 수천수만 척이 바다에 하얀 평화너울을 일으키면서 달립니다."

벽화 · 9

"……마지막 날에는 전국 비행장에서 동시에 비행기가 이륙해서 비행곡예 · 헬리콥터 퍼레이드를 벌여서 축제의 대단원을 장식할 것입니다."

라디오에서는 남녀아나운서가 흥분된 음성으로 중계방송을 계속한다.

"국민여러분, 대한조선백성여러분, 조국은 하나, 드디어 하나, 하나가 되었습니다. 축하 레이스는 각각의 속도로 달리고 날아 마지막 목적지에 동시에 도착할 것입니다. 축제의 마지막을 달성시키기 위해 컴퓨터 시스템으로 일정과 시간을 짰습니다."

벽화 · 10

강물이 휘몰이로 흐르고, 흰꽃이 흐드러지게 피어 있는 동굴 앞에 새벽이 무릎 오므려 깍지 끼고 앉아 있다. 대지는 고요하고, 나무가 미소하다가 소리 내 웃는다. 떡갈나무, 전나무, 자작나무야, 너희가 손을 내밀어 내 손을 잡고, 저기 산자락 산수유 주홍빛 열매에, 구상나무 철쭉나무 오리나무 잎에 푸르디푸르다가 괴기가 서리는 골짜기에 평화를 흐르게 해다오. 너희가 스쳐가지 않는 한 자유도 스쳐가지 않는다. 내가 욕심을 버리니, 어질어질, 어질어질, 어질어질, 저만큼에서 벌레가 웃는다. 미소 짓고, 소리 내 웃는다.

"어이어이 어둠이 가는구나, 어둠이 가는구나. 어리어리 소년이 되어 어리어리 소녀가 되어. 민들레 훅 불어 비부! 삐뿌! 청년 되고, 처녀 되고, 민들레 훅 불어 비부! 삐뿌! 아비 되고 어미 된다."

벽화 · 11

새벽이 풀잎 뜯어 피리 불고, 보름은 버들개지 꺾어 피리 분다. 리릭 소프라노와 테너가 날아가 머무는 저만큼 들판에 메아리 타고 빛이 아지랑이로 나타난다. 머슴애 계집애 아이들이 재잘 재잘 풀피리, 버들피리를 만들어 불면서 옹기종기 해맑게 점점 빠르게 다가온다.

삼월 초, 이른 아침, 냇물이 시리다. 보름과 새벽이 아이들과 떼를 지어 상류로 올라가 냇물에 듬성듬성 징검다리를 놓는다. 아, 강 건너 저기서 사람들이 걷는다. 느릿느릿 머뭇머뭇 걷는다. 나선형으로 줄지어 주춤주춤 걷는다. 징검다리를 건너 펄떡펄떡 걷는다. 미소 짓고, 소리쳐 웃으면서 걷고 뛴다.

벽화 · 12

아, 강 건너 거기서도 사람들이 걷는다. 느릿느릿 머뭇머뭇 걷는다. 나선형으로 줄지어 머뭇머뭇 걷는다. 징검다리를 건너 펄떡펄떡 걷는다. 미소로 걷고, 웃으면서 뛴다. 그들이 냇물 한가운데서 마주친다. 수십 년인데 누구도 서둘지 않고, 호들갑스럽지 않고, 신중하게, 침묵으로 확인한다. 주춤주춤 다가서서 손을 마주잡는다. 느릿느릿 안는다. 편안하게 껴안는다. 긴 포옹이다. 산새소리, 바람소리, 산짐승소리가 들려오고, 해가 구름에 가리면서 조금 어두워졌다가 다시 밝는다. 아, 꿈인가, 환상인가, 아이들도 사람들도 사라지고 없다. 느티나무 숲에 바람이 빙글빙글 장난질 친다.

벽화 · 13

바람과 햇살이 발가벗고 강물에 뛰어들어 물장구친다. 구석구석 헤집고 다니며 소리친다. 여긴 우리 땅, 우리 마당이다. 우리 집을 짓자. 오늘 기둥 세우고, 내일 세우고, 매일 한 개씩 세운다. 백년 천년 자귀질로 기둥을 세운다. 보름과 새벽이 옷을 하나씩 벗는다. 의식이듯 벗는다. 발가숭이가 된다. 바람과 햇살을 따라 물로 뛰어든다. 길게 잠수한다. 숨을 몰아쉬면서 튀어 오르고, 서서히 물탕친다. 장단에 추임새 하듯 물탕 춤을 춘다.

벽화 · 14

땅울림이 아이들 버들피리에 섞이고, 백성의 침묵에 실려 산하山河를 돌아온다.
아, 저기에, 거기에, 여기에, 민족의 마당에 타임캡슐이 있다니! 시간상자, 세월상자가 나온다. 새끼 끈과 가마니 포장이 썩어서 끊어지고 터진다. 포장에 또 포장, 아홉 겹 포장을 푼다. 삼베가 세 겹 나오고, 광목이 세 겹 나오고, 무명이 세 겹이다. 순갈 일곱 벌이 나오고, 밥그릇 일곱 벌이 나오고, 가마솥과 항아리가 일곱이다.
타임캡슐이 말을 한다. 드문드문 어눌하게 입술을 뗀다. 슬퍼하고, 기가 차고, 분노하고, 떤다. 타임캡슐아, 지금은 죄 버려야 한다. 너와 내가 싸들고 견딘 지난 반세기는 없는 세월이다. 잃어 버렸으면 찾아야 하니까 매듭이 풀리지 않는다. 분란이 다시 생긴다. 없으면 찾을 게 없다.

벽화 · 15

새벽과 보름이 흥얼거린다. 너를 아무리 바라봐도 속마음을 알지 못해. 너의 온몸에 흐르는 땀방울에 목을 축이고, 냄새에 흠뻑 젖고 싶어. 너는 웃고 속삭이고 말을 한다. 어질어질, 어질어질, 숨을 쉬고 있어, 꿈을 꾸고 있어, 어질어질, 어질어질 벌레가 웃는다. 소리 없이 웃고 소리 내어 웃는다. 그들은 깍지를 끼고 서서히 움직인다.

벽화 · 16

징검다리로 깡충깡충 냇물을 건너자. 퐁당퐁당 조약돌 던지자. 갈대밭에 갈까! 뒤뚱뒤뚱 오리 흉내 내면 얼마나 재미있니. 노루 휘파람 소리 들으러 갈까! 잡초가 무성하게 학교 흔적을 감추었다. 여기가 교실 자리, 책 읽는 소리가 도란도란 들린다. 여긴 교무실 자리, 담임 선생님의 시험지 채점 소리가 들린다. 여긴 화장실 자리, 아이들이 오줌줄기 내기를 한다. 저기 운동장에서 공치기 소리가 들린다. 등나무 그늘에서 아이들이 딱지치기, 유리구슬치기, 노래를 부르면서 고무줄놀이를 한다.

벽화 · 17

한 자 두 자 배워서 송송히 자라서/ 백두산에 올라서 한라산에 올라서/ 이리저리 돌아보니 삼천리가 보인다./ 백두산 한라산아, 한라산 백두산아,/ 네 밥그릇하고 내 밥그릇하고 바꾸자./ 싫으니 좋으니? 좋으니 싫으니?/ 싫으면 돌아서고 좋으면 붙어라.

아이들이 붙어서 뒷마당으로 간다. 우물터가 그대로 있다. 멱을 감는다. 찬물 샘이라 얼음이다. 도랑물이 졸졸 흐른다. 종이배, 소나무 껍질 배, 호박꽃 배를 만들고 나뭇잎으로 돛을 달았다. 와, 재들 벌 받는다. 무릎 꿇고, 손을 들고 벌을 받는다. 잠간 다녀올 생각으로 선생님이 손 내려!를 안 하고 떠나서 수십 년 벌을 받는다.

벽화 · 18

자연타악기가 빠르게 연주되는데, 새벽이 싸리꽃 그늘에서 무릎 오므려 깍지 끼고 앉아 있다. 새벽이 골짜기를 바라보면서 중얼거린다.

하늘에 꼬부랑 달,/ 너희 할망 허리,/ 하늘에 파란 별,/ 우리 아기 눈알,/ 우리는 꿈꾸는 너,/ 그곳에 같이 간다./ 태양의 나라가 있을까.

노래하듯 흥얼거리고, 흥얼거리듯 노래한다.

벽화 · 19

"수백 수천만 민족의 걷기행렬입니다. 한라대열은 평양, 백두대열은 서울을 통과하고 있습니다. 수십 수백만 자전거 대열입니다. 청진을 출발한 대열은 개성을 지나고 있으며, 부산을 출발한 대열은 대전을 통과하고 있습니다."
앵커와 아나운서의 중계방송이 전파를 타고 기쁨의 빛으로 방방곡곡에 퍼지고 있다.

벽화 · 20

목포와 신의주, 신의주와 목포 역 광장에 오토바이와 자동차가 속속 모여들고 있습니다. 오토바이와 자동차 레이스를 위해서 카운트다운이 시작되려는 순간입니다. 시차를 둔 이 대열이 앞서 출발한 걷기대열, 자전거대열과 통일 지역에서 동시에 만나게 됩니다. 거기서 보름과 새벽이를 만납니다.

벽화 · 21

보름과 새벽이 늑대를 데리고 마당에 들어선다. 그들은 어긋나게, 말없이 걷는다. 간간이 한두 마디씩 나눈다. 사람들이 어디서 어떻게 살아왔는지 한 마디도 않는다. 어디서 어떻게 살아왔는지 궁금하지 않는가. 천연의 타악기가 중모리, 중중모리, 휘모리로 물결을 탄다. 마당에 햇살이 들어온다. 순간, 침묵을 깨고, 토속 멜로디로 흥얼거린다.
어리어리 어리어 어리 어리어 어리 어리어 어리 어리어리 어리어 어리…

늦더위

앗, 뜨거!
정말 가니?
마지못해, 손 흔드는 거야

내년에 다시 올게
너, 너, 너… 오더라도
헉… 오지 마

따뜻하게 와
ㅋㄷㅋㄷ 너 바보구나
내 맘대로 되니?
네이버 네 카페친구들한테 물어봐

나무, 초록, 화이트피그, 시앤요, 혜성, 생수,
쫄미, 보람, 인형햄, 정철, 조배우, 하얀 작가, 파란 작가…
또… 또… 있잖아…

앗, 뜨거!
야, 너 이별이 서럽다고

눈물을 엄청 뿌리면 어쩌니?
네 눈물에 홍수가… 어떻게 그럴 수가 있니?

오늘 뉴스를 보니까
네 눈물은 슬퍼서 흘린 게 아니고
우리가 네게 불평했다고 복수하는 거잖아

야, 너 그렇게 많이 변했니?
제발 오래 전 친구로 돌아와라
아니면 가만두지 않는다!
내 주먹, 우리 카페 친구들 손톱 뵈지!

신혼여행 · 2

1.
그 여름, 일요일 아침,
10시 19분,
도심 속 웨딩홀에서
주례사를 듣다가 뛰어나간 한 쌍

부케 들고,
비행기 버리고,
아스팔트 넘어
신작로를 종일 걷는다

2.
정오正午
땡볕 속
맨발의 연인으로
황토고갯길을 넘는다
땀이 소금인데,
혀[舌]가 달다

3.

하오下午,

뜨거운 대지 속

호수에 발을 담그다

물방개가 놀라 수초 속으로 숨는다

하늘과 구름 깊이 숨는다

고추잠자리, 보리잠자리, 호랑잠자리가

날고 날아 물속으로 가고

헤엄치고 헤엄쳐 하늘로 간다

단짝

1.
중년인데,
둘이서 단짝이라면서 웃었다

마트와 대학로에 가고,
가끔은 명동과 남대문에 가고,
손자손녀가 사는 인천에 가느라고
손잡고 지하철을 탔다.

2.
어느 쪽인가 한 짝은 집에 있고,
다른 짝이 외출에서 돌아오는 시간이면,
한 짝은 아파트 입구 자투리공원 벤치에서 기다렸다
지하철역이 두 곳이고
각각 두 길로 네 길인데,
한 짝은 다른 짝이 오늘
어느 역에서 어느 길로 온다는 것을 안다

진눈깨비가 쏟아지고 있다

느릅나무 잔가지가 북풍을 맞서 기합을 넣는다
자작나무 열댓 그루가 큰 키 하얀 몸매를 뽐낸다
백양나무는 시베리아를 그리워하고,
층층나무, 물푸레나무, 청홍단풍이 고향 꿈을 꾸고 있다

낙상홍은 벌거벗은 몸에 새빨간 열매를 가득 들고,
노을 색 몇 잎 남겨서 배꼽 아래를 가리고,
산수유는 실 한 올 걸치지 않은 누드로 온몸을 흔들어 춤추는데,
저 홍보석은 언제 연금술사를 만나려는지 눈비에 젖는다

영산홍, 자산홍은 옹기종기 모여서 춥다고 재잘대고
옥잠화 원추리 할미꽃 노루발톱은 볏짚 이불을 쓰고
수천수만 리 지열에 숨소리조차 아끼고 있다

기다려도 올 사람 없고, 그리워도 올 사람 없고,
진눈깨비가 쏟아져, 하늘이 사할린, 아무르, 캄차카 허공이다
풀은 대지에 눕고, 나무는 대지에 서서 봄을 기다리는 꿈을 꾸는데,

나는 봄이 올 때까지 이 적막강산을 사랑하는 연습을 해야 한다

햇살을 퍼가세요

자작나무가 세모시 하얀 가슴살을 드러낸다.
백양나무는 시베리아를 다녀오고,
층층나무, 물푸레나무, 청홍단풍도
고향을 다녀왔는지 밝게 웃는다

낙상홍은 아직 알몸인 채 빨간 열매로 거길 가리고 미소한다.
산수유 누드도 홍보석열매를 세공할 준비를 하고,
옥잠화 원추리 노루발톱 뿌리는 지열이 뜨겁다고
손등으로 햇살을 가린다

사람들이 사할린, 아무르, 캄차카 하늘에서
달려오는 햇살에 눈부셔 하면서 몰려든다
나는 오늘, 변덕스럽게, 대지에 서서, 모자를 벗어들고,
창포공원에 쏟아져 넘치는 햇살을 퍼 담는다

잔설殘雪

나무가 하늘을 향해 기지개를 켠다
옷 사이로 하얀 가슴살이 드러난다
부끄러워 마른 잎 한두 장 남겨 놓고,
눈 비비고 목을 빼 휘휘 둘러본다

적설, 잔설, 풍설, 유설을 꿰어
바람과 햇살을 향해 목청껏 소리친다
아, 좋아라!

욕심쟁이인가,
그 소리를 혼자 들으면서
나무가 손등으로 햇살을 가리고
수줍게 웃기를 기다린다

어머니

친정어머니말씀은여자는사내를잘만나야한다시어머니말씀은여자가시집올때복을가지고와야한다가슴을바르르떨면서가마타던생각을철철넘치는사랑과욕심으로잊은여인네들이다요즘티브이드라마에서쉽게만난다세상은열렸는데그세상은닫친것인가

매곡昧谷

내 어머니는 인생이 외로우신가,
돌아앉아 머리를 푸신다

새가 훨훨 날아서 넘는 다섯 멧부리로
해가 등잔불 심지 불똥처럼 사그라진다

기찻길

초여름 이글거리는
아지랑이로 피어오른다.
기다림일까, 그리움일까, 사랑일까

고추잠자리가
앉지도 오르지도 않고
허공에서 날갯짓만 한다
기다림일까, 그리움일까, 사랑일까

기찻길이
어디에 닿을까
저기 평행선이 만나는 곳
기다림일까, 그리움일까, 사랑일까

기차는 어디에 설까
역사가 보일 듯 말듯
기적이 들릴 듯 말듯
기다림일까, 그리움일까, 사랑일까

그대가 기차에서 내릴까
플랫폼에 서 있을까
숨결이 머무는 곳
기다림일까, 그리움일까, 사랑일까

동전

오늘,
새벽 산책길에서
아무도 밟지 않은 동전을 주웠다
간밤에 하늘에서
손 시려한 달만큼 하얗다

시간

행복해라 우리의 시간 행복해라
아, 이 향기, 이 향기 그대의 향기
아침 안개 뚫고 빛나게 달려온다.
새처럼 떼를 지어 우리에게 날아온다.
시간이여 연인의 시간이여 사랑이여.

행복해라 우리의 시간 행복해라
아, 이 향기, 이 향기 우리의 향기
그대 또 하나의 별이 되어 나에게
우주 너머 은하수에서 사색을 건져서
속삭이는 속삭이는 연인의 시간이여.

No.

시 간

윤효병 시

이혜상 곡

Slow

2016 · 4 · 10

6. 아니에게

환상

어부바!
엄마 등이 그립다
지금

에그 간지러워!
아내 가슴이 그립다
지금

방백

허공에 어둠이 켜켜이 쌓이는 것은
나도 알 수 없는 그리움 때문이다

아니는 나를 두고 모범의 시간 아침 9시 기차를 탔다
전화를 안 받고, 문자도 안 보내고,
사그라지는 가로등 불빛으로,
바람에 흔들리는 나뭇잎으로
영상만 보낸다
별빛으로 보내지, 샛별로 보내지.

하느님은 무슨 속셈, 심보, 창조로
그리움을 가르쳐주셨나,
밉다, 욕하고 싶다, 패고 싶다
죄송합니다, ㅋㅋㅋ, 진짭니다
"벌을 주시려면
이 알 수 없는 그리움을
앗아가십시오."

시간이 힘들어서

영혼을 팔아서 술을 마셨다, 독주를 마셨다,
한 잔, 두 잔, 석 잔, 넉 잔…
어질어질 창문에 떨어져 흩어지는 빗물,
저게 뭔가, 저게 그리움인가, 겨우 저게?
아침에 해가 뜨면 마르겠지
그리움이 가벼워 눈물이 왈칵 쏟아진다
졸피드 10mg을 먹었다

오늘 · 1

유권자 번호표를 챙겨들고
투표소에 갔다
해마다 번호가 둘인데
오늘은 18*2 하나다
앞뒤 번호 18*1, 18*3은 모르는 사람이다

할멈은 늘 투덜댔다
손자손녀에게 좋은 세상을 남기려는데
투표가 왜 흔들리는지 원…
전에는 아들에게 좋은 세상을 남겨야 한다고 했다

투표소는 아파트 노인정,
고샅 하나 돌아서 놀이터 옆이다
오늘은 시장, 구청장, 시의원, 구의원, 시 · 비례대표, 구 · 비례
대표,
교육위원, 교육감 8명을 찍어야 하는데
구두가 무겁다

오늘 · 2

동네 시장에 갔다
길을 건너려고 신호를 기다리는데,
햇볕이 뜨겁다
그 사람의 양산 그늘 한줌이 그립다
겨울과 봄을 보냈는데,
이 여름을 어떻게 보내야 하는지 막막하다

사랑 · 1

그대에게
가는
길이
정말 멀다

사랑 · 2

벤치 옆 빈자리에
바람만 머문다

흔적 지우기

아침 햇살이 좋아서
침구를 베란다 빨랫대에 널다가 알았어

통모밀속 베갯잇이 세월만큼 낡았어
어쩌지, 버려야 하나?

목화 요이불인데 홑청이 나만큼 낡았어
어쩌지, 버려야 하나?

당신이 떨어트린 먼지 하나가 그리울 텐데
사람들은 버리라고 해

그대를 보았다

아침이든가 저녁이던가,
산책길 나목裸木에 숨어든
그대를 보았다

No. ♩= 96~100

그대를 보았다

윤제림 시

[illegible] 곡

amabile

2016 · 1 · 31

연애편지

그대 그리워
존재와 생명으로
시詩 한 줄 쓰려는데
사랑의 언어는 앞서 성큼성큼 가버리고
나의 의식은 꿈속처럼 멍멍합니다
햇살을 담은 바람처럼
가슴만 부풀어 터집니다

No. ♩=60

연애편지

윤갑병 시

이계성 곡

2015.9.26

사자死者와의 대화對話

"당신 어디 살아?"
"여기."

"나 당신에게 갈까?"
"오지 마."

"서럽고 외로워."
"당신 있는 곳 어디든 한 뼘 옆에 있을 게."

은하수 술래잡기

초등학교 국기계양대에서
손바닥으로 눈을 가리고 소리쳤다

"빨리 빨리 숨어라,
멀리 가기 없기다!
열까지 센다!
하나, 둘, 셋네다여일여아홉열,
찾는다!"

햇살과 그늘이 얼룩을 만든
운동장이 텅 비어 두렵다.

"나와라, 나와라, 잡지 않을 게 나와라!"

어디쯤 숨었는가,
흙모래가 날리는데 아무도 나오지 않는다.

"내가 술래니까,
너는 내 짝이니까,

나와도 잡지 않을게.
못 본 척 할게!"

목청이 터지게 짝을 불렀다.
어디쯤 숨었는가,
짝이 나오지 않는다.

"나와라, 나와라,
업어줄게 나와라
손이라도 내밀어라 발이라도 내밀어라,
머리카락이라도 보여라."

술래잡기 하다가 숨은 짝이
교실 모퉁이에 없고
측백나무울타리 너머에도 없다.
해가 지고 노을이 스러져 서리 내리는데,
감기 들려고, 동상 걸리려고
어디쯤에서 잠들었는가

삶이 술래잡기 놀이라서,
짝이 술래고, 내가 숨은 아이가 됐다
나는 시골 토담 뒤에 숨었다
토담이 흔들흔들 위태롭다
어깨로 밀어 받치고,

"나 여기 있다, 나 여기 있다!
나를 찾아라!"

아, 술래가 없어졌다, 토담이 쓰러지는데,
내가 깔리는데 술래가 오지 않는다.
은하수에 숨었나,
짝이 짝을 버리고 오지 않는다

새

새여
작은 새여

스무 살 고개에
나뭇가지에서 만났지
돌밭에서 뛰었지
광야에서 날았지

어제는 가고
오늘 헤어지니
어느 새벽에
하늘에서 만나나

새여
작은 새여

No. ♩=82

새

윤조병 시

이[illegible] 곡

2016 · 4 · 19

거기

햇살로,
바람으로,
오지 마세요
거기 있어요

아지랑이로,
가랑잎으로,
가지 마세요
거기 있어요

그냥 거기

거기

윤조병 시
이혜섭 곡

No.

♩=114~119

2016.4.19

커피 두고 갈게

아내의 저승 집 마당에
잔설殘雪이 얼어붙어 있다.

테이크아웃 커피를 제단에 놓았다.
영하의 아지랑이가 잔을 에워싼다.
입은 닫고, 귀만 열었다.
아내는 드문드문 쉬엄쉬엄 입을 열었다.

"왔어?" "늙은 삭신 얼어." "알잖아." "나 커피 천천히 마시는 거."
"머뭇거리지 마." "다음엔 스틱커피 가져와."

찬바람이 회오리로 올라왔다.
"커피 두고 갈게."

용인 가톨릭Catholic 묘원墓園, 300계단이
올라갈 때보다 더 가파르다.

잠

밤은 편히 자라고 오는데,
태양도 산산조각으로 별을 뿌리는데,
창문으로 들리는 차 소리도 멎었는데,
윗집 아이들도 조용한데,
옆집 부부의 일상도 끝났는데,
높은 산을 오르는 것도 아니고,
넓은 바다를 건너는 것도 아니고,
내일 일자리를 걱정하는 것도 아니고,
권력을 찾아 헤매는 것도 아니고,

돈이 많아 걱정하는 것도 아닌데,
돈이 없어 걱정하는 것도 아닌데,
남성이 윙윙거리는 것도 아니고,
원고 마감에 밀려 허겁지겁하는 것도 아니고,
티브이나 형광등이 고장난 것도 아니고,
냉장고가 비거나 수돗물이 멈춘 것도 아니고,
대형마트와 편의점이 지척인데,
자동세탁소가 하얀 옷을 입고 웃고 있는데,

비가 와도, 눈이 와도, 봄가을에도
잠은 두세 시간만 머문다,
영혼이 날아가는 깊은 밤에
별이 자석에 끌리는 쇳가루로 날아와서
해를 만드는 허한 일출까지
인생은 여행을 멈추지 말라고 하는데,

잠은 맹렬하게 달아난다

쪽잠 · 1

어깨 관절이 아파
잠을 못 이루면서
긴 겨울을 용케 넘겼다

가끔 잠이 그리워
더 가끔은 잠을 잃을까
이발소에서 가위소리에 쪽잠을 잤다

쪽잠 · 2

마당에 민들레꽃이 피었다
무릎 쪼그려 볕살을 나누는데
노랑나비가 날갯짓으로
아지랑이를 일으킨다

깜빡 잠이 들었는가
나비가 나를 등에 태우고 훨훨
빌딩 사이를 날고 산과 강을 건너
황해에서 회오리를 탔다

은하수에서 반짝이는 것은 별이 아니고
수영하면서 물장구치는 사람들이다
종일 수영하다가 나비를 타고 돌아왔다
노랑나비가 아직 민들레꽃에 앉아
아지랑이를 일으키고 있다

쪽잠 · 3

비행기를 탔다.
흑, 백, 황 세 스튜어디스가 웃는다
기내식이 나왔다
와이트 와인을 마셨다
옆 승객들이 내게 몰아줘서 아홉 병을 마셨다

와인 인심에 취해 노래를 부른다
음치에 박수갈채가 쏟아진다
박수 인심에 더 취해
스튜어디스에게 키스를 하다가
뺨을 맞고 화장실로 도망갔다

내친김에 담배를 물었다
연기가 자욱하다.
변기 물을 내려도 연기가 빨려들지 않는다
소문은 소문이다
탕, 탕, 탕 노크를 한다
담뱃불을 밟아 비벼대도 꺼지지 않는다
달그락 딸그락 아, 비상키가

찰카닥 문을 연다.

수갑을 찼다, 얼음덩이도 바위도 아닌 것이 무겁다
음주, 고성방가, 성추행, 흡연으로 회항하고
징역 1년에 벌금 3십 5만 달러,
집달리가 내 앞에서 딱지를 붙인다

저항하는 나를 번쩍 들어 창으로 내던진다
13층에서 아래로 아래로 추락을 한다
낙하산이 펴지지 않는다
속도에 놀라 눈을 떴다

아이들도 없는 어린이 놀이터
철쭉 앞 벤치에 햇살이 따스하다
이렇게 악한 마음을 숨기고 있었는가,
집은 작년에 팔아버려서 없고,
이자가 짜디짜서 펀드하고 이엘에스에 넣었다
세계경제 땜에 개미떼로 묶여 있는데,
이게 악몽인가 길몽인가.

경위서

오래전에 첫사랑한테 버림받고,
수년 전에 마지막 사랑한테도 버림받았다
너는 버린 죄가 없으니 천당 간다고 한다
첫사랑은 안 바뀌어도 마지막 사랑은 바뀐다고 한다
가지를 다 믿고,
화두로 서른 석 줄 시를 썼다

날, 왜 그랬는지, 어디를 가든,
석 줄 시를 안고 가기에는 길다싶어
단어, 두 단어씩 떼서 그냥 버렸다

'하늘'을 버리고, '바람'을 버리고, '꽃'을 버리고, '바다'를 버리고, '광야'를 버리고, '빛'을 버리고, '어둠'을 버리고, '생명'을 버리고, '구름'을 버리고, '보석'을 버리고, '새'를 버리고, '마당'을 버리고, '가슴'을 버리고, '입술'을 버리고, '눈동자'를 버리고, '추억'을 버리고, '느낌표!'를 버리고, '그대'와 '나'를 버렸다

우울해서 그랬을까, 무참하게 죄 뽑히고 한 줄이 남았다
그걸 두 줄로 나누어 양손에 가볍게 들었다

'평생 걸었다
여전히 멀고멀다'
천국에 갈 때는 이쪽 걸, 다른 마지막 사랑을 만나러 갈 때는 요쪽 것이다

경위서

윤조병 시

이혜성 곡

7. 시대와 역사

벌

벌아, 앉아
왜?
여왕벌 욕심 땜에?
어버이땅벌이 몰려와서?
너, 우울해서 꿀 안 따고
날갯짓만 하니?

나비

나비야,
개나리가 웃어
민들레꽃도

날개 접고 쉬어
왜?
날개가 불타잖아
너도 어버이꽃이 싫니?
너, 여왕 꽃이 싫구나

동요와 민요

해방에서 육이오를 거치는 동안
이런 말이 떠돌았다,

소련에 속지 말고,
중국을 조심해라
미국을 믿지 마라,
일본이 일어선다
조선은 정신 차려라

아이들은 동요로 부르고,
어른들은 민요로 불렀다
음치들만 부르지 않는다

국가國家
-나의 국가는 무엇인가

백성百姓이 가족家族으로 강을 건넜다
압록강 두만강을 건너고, 낙동강 금강을 건너고, 청천강 영산강을 건너고,
대동강 섬진강을 건너고, 예성강 금강을 건너고, 1950년, 안팎에 임진강 한강을 건넜다

아비, 어미, 일곱 살, 네 살, 두 살짜리
한 가족 다섯 백성도 다른 백성에 섞여
손바닥목선으로 필사의 탈출을 시도했다

목선이 어둠을 소리 없이 밀고 움직이는데,
병사兵士가 수하를 한다
Who's there?
화이트 서치라이트가 낮게 탐색한다
아비는 노 젓기를 멈추고,
어미는 치마폭에 아이들을 감쌌다

병사는 더 크게 소리친다
Who goes there? Stop! Halt!

목선은 스톱하고 침묵했다
타국 군대 낯선 두려움이 출렁인다
병사들은 지껄이다가 조용해졌다

목선이 다시 어둠을 민다
바람, 새, 물의 소리가 들린다
아비는 노를 빨리 젓는다

병사가 수하를 한다
你 是 准? (Ni shi shei?)
옐로우 서치라이트가 낮게 탐색한다
목선이 수초에 납작 엎드렸다
병사는 더 크게 소리친다
停止! (Jingzhi!)
목선이 숨을 죽인다
인접 군대의 익숙한 공포,
병사들이 킬킬거리다가 조용해졌다

목선이 조심스레 노를 젓는다.

노를 조금씩 빨리 저어 물을 헤치고 나간다.

병사가 수하를 한다.

KTO 3TO? (끄또 이예따?)

블루 서치라이트가 낮게 깔려서 탐색한다.

목선은 서고, 배에 탄 그들은 납작 엎드린다.

병사가 소리쳤다.

nepe6o! (페레보이!)

목선이 죽은 듯이 침묵한다.

타국의 거대한 추위 공포,

병사들이 낄낄거리다가 조용해졌다

아비가 노를 젓는데,

블루・레드 라이트가 수면 위 수초를 한 포기 두 포기 센다

노를 멈추고, 가족들이 엎드린다

병사들이 수하를 한다

누구냐? 뉘기?

강물이 바르르 떠는데,

병사들이 소리친다
서라! 서기요!
아, 모국어, 내 나랏말씀,
가족들이 반가워 손을 번쩍 들어 만세를 부른다!
동시에 탕, 땅! 따콩, 따콩!

Carbine, 장총, M1, 따발총이 퓽 퓽 퓽!
가족들이 하나, 둘, 셋… 목선에서 강물로 꼬꾸라진다
- 여보! - 큰애야! - 아버지! - 어머니! - 형!
아이가 악을 쓴다.
총 맞은 엄마가
쉿! 뚝!
다급해서 젖을 물리고, 막내는 피를 빤다
- 둘째야, 더 엎드려. 살아야 한다, 살아야…
총소리가 오케스트라 연주하듯이 들려오고,
어미가 마지막 신음을 토했다
- 둘째야, 앞배를 놓쳐도… 당황하지 마라
해가 뜨고 땅이 보이면 머물러라

내 머리가 배 밖으로 늘어지거든 물속으로 밀어 넣어라
둘째가 어미 말대로 목선 난간에 걸친 어미를
배 밖으로 밀어낸다
끅, 끅, 끅…
네 살짜리가 울음을 삼키고 노를 젓는다

국가는 백성을 향해 말한다,
보트 피플들이 수하를 무시하고 도망치다가
아비어미는 총탄을 맞고,
아이들은 배 멀미를 하고,
젖먹이는 배 바닥에 남겨졌다
어느 총에 맞았지,
그건 어느 쪽 기록이냐,
서로 다르다.
국가, 우리의 국가는 무엇인가

그리움

그대에게 들려줘야 할
말 한마디,

그대에게 보여줘야 할
낱말 하나,

가슴에 접어 쌓으면
하늘에 닿으려나

No. andante

그리움

윤교병 시
이혜성 곡

2016. 1. 17

커피 한 잔 들고 갈게

여보, 나 당신 옆으로 가래,
의사가 선고했어.

'와,'

어떻게 갈까?
불로 갈까, 흙으로 갈까?

'같아.'

커피 한 잔 들고 갈게.
원두 말고 스틱 커피.
가는 동안 식으면 어쩌지?
아, 당신은 식은 커피를 좋아하지.
ㅋㄷㅋㄷ 난 알고 있어.
당신이 왜 평생 식은 스틱커피를 좋아했는지.

'쉬잇.'

말 안 할게.
당신처럼 나도 무덤까지 안고 갈게.

커피 두고 갈게

초판 1쇄 인쇄 2017년 9월 22일
초판 1쇄 발행 2017년 9월 29일

지은이 윤조병
펴낸이 박성복
펴낸곳 도서출판 월인
주소 01047 서울특별시 강북구 노해로25길 61
등록 1998년 5월 4일 제6-0364호
전화 (02) 912-5000
팩스 (02) 900-5036
홈페이지 www.worin.net
전자우편 worinnet@hanmail.net

ISBN 978-89-8477-641-8 03810

값은 뒤표지에 있습니다.